AUX ANGLAIS.

AUX ANGLAIS,

FRAGMENT D'UN OUVRAGE

SUR LA SITUATION POLITIQUE

DE L'EUROPE.

IPSI sibi reges imposuere, qui fugas civium, urbium eversiones, fratrum, conjugum, parentum neces, aliaque solita regibus ausi, superstitionem fovebant, quia honor sacerdotii firmamentum potentiæ assumebatur. TACIT. Hist. Lib. V.

EUX-MÊMES ils s'imposèrent des rois, qui dispersant les citoyens, renversant les cités, massacrant les frères, les époux, les parens, osant enfin tout ce qu'osent les rois, échauffaient la superstition, parce qu'ils pensaient qu'honorer le Sacerdoce, c'était affermir la puissance.

A PARIS,

Imp. d'EMM. BROSSELARD, rue André-des-Arts, nº. 73.

An VI (1798).

AVERTISSEMENT
DE L'ÉDITEUR.

Le morceau que l'on va lire est extrait d'un manuscrit intitulé : Discours sur la situation politique de l'Europe. *L'Auteur en est connu. Plusieurs articles de cet ouvrage ont été lus au Lycée républicain ou dans des sociétés particulières. Pourquoi n'est-il pas imprimé depuis cinq ans? Cette question lui a été renouvellée cent fois et cent fois il a répondu : que si les événemens ne dénaturaient point la vérité en elle-même, leur mobilité influait au moins sur l'utilité d'un écrit, que nos traités successifs lui imposaient des convenances auxquelles il ne voulait pas s'assujétir, que l'état de guerre ou de paix ne changeait rien aux droits des peuples et aux principes de la souveraineté véritable, que d'ailleurs son ouvrage, écrit avec toute la chaleur de la liberté, ne présentant que des résultats, il ne pouvait en altérer le fonds ni les couleurs au gré des circonstances.*

Quelques amis ont ajouté à ces réflexions : que la publicité de l'ouvrage attirerait une foule d'ennemis à son auteur, que la plupart des gouvernemens seraient d'autant plus irrités qu'ils paraîtraient mieux connus, que toutes les ames froides, tous les cœurs ulcérés, tous les esprits qui ne jugent les principes de la liberté que par les affreuses conséquences qu'en ont tirées des scélérats, tous les hommes enfin qu'il allait offenser, insulteraient son courage et calomnieraient son caractère.

*Ce ne sont point ces dernières réflexions qui ont arrêté l'impression de cet écrit. Le Cit. L***, emprisonné en 1793, appellé à la mort par des hommes vraiment coupables qui ont été punis sur l'échafaud, plaidait dans les fers la cause de la liberté. Il terminait cet ouvrage au moment même où l'on préparait son supplice. Voici ce que nous copions dans sa préface.*

« Ici je dois refuter un reproche qui serait un éloge aux yeux de la justice et de l'honneur et qui dût mériter la mort aux yeux des assassins. J'étais appellé à l'un des ministères par ce que l'on disait alors l'opinion publique, qui n'est souvent que le désir connu de quelques amis accrédités. Mes sentimens n'étaient pas équivoques et cependant on voulait les diriger ; pour éviter tout traité verbal, je fis un mémoire au roi. La fermeté de mes principes, la sévérité de mes conseils m'eurent bientôt disgracié. Je ne fus point ministre ; mon mémoire est imprimé.

» Louis partit roi pour Varennes et revint prisonnier à Paris. La garde de son fils me fut confiée. Cet enfant était alors un dépôt. J'apportai dans ce service la décence et la rigidité qu'il exigeait. Lorsque l'on persistait à maintenir la monarchie, ou plutôt, et pour être plus vrai, lorsqu'on tolérait la récréance effective d'une monarchie nouvelle, il fallait bien se résigner à cette condition devenue plus difficile. Les prisonniers des Thuilleries se rappellèrent mon mémoire et des prédictions si promptement réalisées ; on affecta de désirer mon avis. Soumission à la volonté du peuple, fidélité à de nouveaux sermens, choix des vrais patriotes à toutes les places, oubli du passé, franchise et loyauté pour l'avenir ; voilà le précis exact d'une note que la commission des douze a rendue publique avec d'autres écrits après la mort du roi. Les patriotes les plus exaltés regardaient cette note comme un brevet de garantie. Les bourreaux régnans m'ont enfermé neuf mois dans leurs cachots. J'avais, disaient-ils, donné des conseils propres à prolonger la monarchie....... Les lâches ! ils prononçaient l'arrêt des deux corps législatifs, de tous les tribunaux, des fédérés de 1790, de tous les français assermentés ! ils prononçaient contre eux-mêmes. Et en effet ils s'égorgeaient respectivement lorsque l'égoïsme de la crainte et l'exécration générale ont fait de la justice une nécessité.

» Comme je ne veux paraître hypocrite en aucun sens, j'avouerai qu'à cette époque un gouvernement provisoire me parut indispensable. Je pensais que la justice, indulgente dans le calme, devait être sévère dans le désordre ; que l'effroi du coupable était le repos du juste, que l'homme faible trouverait même dans la menace de la loi un défenseur contre la séduction et par conséquent un bienfait. Qui pouvait penser alors que l'on associât jamais l'idée du crime et du larcin aux mesures de la liberté ? Hélas sous les voûtes de mon cachot je pardonnais à ma propre destinée, je m'aveuglais sur l'injustice. Peut-être au fond du cœur ai-je soupçonné des innocens, des malheureux enchaînés auprès de moi. Oh! combien ils ont été vengés! quel supplice infernal m'a déchiré pendant deux mois! à quelques toises de mes murailles fut établi l'échafaud, (*faubourg Antoine*). Plus de deux mille fois le couteau fatal a pu frapper mes yeux, a poursuivi mon oreille par le cri sourd et tremblotant de sa chûte. L'espace du jardin qui m'était accordé fut rétréci par des milliers d'ossemens dont quelques planches mal assorties me séparaient. C'est bien alors que la liberté des bourreaux me parut si méprisable, cette vie cadavéreuse était si dégoûtante que mes propres mains creusèrent avec avidité la terre qui devait aussi m'engloutir!!! On ne peut oublier tant d'outrages, mais on peut les pardonner. Et telle est la différence entre les hommes qui n'ont fait la révolution que pour la liberté et ceux qui voudraient adjuger l'une et l'autre à leur profit.

Il est bien évident qu'un homme aussi pénétré des vrais principes ne se soumet pas à des considérations personnelles : porté à la reconnaissance, même pour la justice qu'on lui rend, il retrouve dans sa conscience la justice qu'on lui refuse, et c'est ainsi qu'un véritable ami des hommes sait allier à la passion la plus forte pour la liberté, le respect impertubable de la morale et le dévouement à la raison.

INTRODUCTION.

LA politique est-elle l'art de rendre les peuples plus heureux? Est-elle l'art de rendre les monarques plus puissans? Qu'est-ce que la puissance des rois? Qu'est-ce que le bonheur des peuples? Que signifie le mot gouvernement? Le despotisme seul interrogeait, l'esclavage seul répondait à ces questions. Le tems est venu où la liberté doit les résoudre.

La liberté a donc aussi sa politique? Oui, sans doute, puisqu'elle a ses ennemis. Déjà l'observateur a pu voir, à la lueur de la foudre, la direction et les effets de la tempête : déjà il a du se convaincre que si des français avaient su mourir pour la liberté, la liberté ne mourrait jamais dans la France. La terre qui nous porte, l'air que nous respirons, électrisés par elle sont affranchis pour toujours. Nos armes le prouvent aux ennemis et nous avons la paix :

nos principes le prouveront aux peuples et nous aurons des amis. Terreur aux uns, confiance aux autres : telles sont désormais les bases de nos traités républicains.

Mais quelle sera notre influence sur la destinée de l'Europe, sur le bonheur des hommes? Ce grand objet de la méditation philantropique est subordonné à tant de circonstances, à des intérêts si compliqués, aux nuances si variées du caractère des nations comparées entre elles, sous les rapports de leurs climats, de leurs lumières et de leurs mœurs qu'il serait difficile de fixer, avec quelque précision dans ses dégrés, le thermomètre de la liberté générale.

Cette discussion n'est point l'objet de cet ouvrage. Elle demanderait une étude et des momens plus tranquilles et l'histoire peut-être marchera plus rapidement que l'observation des philosophes; mais du moins, pourrons-nous, en présentant des réflexions sur la situation de l'Europe, donner quelques facilités pour classer les opinions partielles. Nous aurons si souvent à reproduire la politique des cours que nous ne pouvons épuiser tous les détails dans chacun des articles qui les concernent. Ils doivent se servir de supplément entre eux et la pensée du lecteur restituera beaucoup d'idées, beaucoup de faits intermédiaires pour apprécier les résultats. Ce n'est enfin ni la généalogie des peuples, ni leur constitution intérieure, ni même leur économie politique que nous offrons en ce moment. Véritable ami de la véritable liberté, dévoué par sentiment et par besoin à la cause de l'humanité, nous voulons seulement faire comparaître toutes les nations devant la France et montrer la France aux nations : nous leur dirons ce qu'elles sont et nous leur prouverons ce que nous sommes. Leur avouer nos fautes, c'est leur démontrer nos ressources ; leur raconter nos erreurs, c'est leur apprendre à les éviter, et c'est ainsi que la liberté d'être vrai assure au genre humain toutes les autres facultés d'être libre.

L'Europe au moment de notre révolution était dans son état habituel d'oppression et d'intrigues. Toutes les nations esclaves ont une même phisionomie. Des rois guerriers par orgueil, ou pacifiques par impuissance, des peuples crédules lorsqu'ils sont ignorans, soldats lorsqu'ils sont misérables, des talens civils que le despotisme étouffe, des talens militaires qu'il convertit en fléaux, des jours de bonheur dus au hazard, des siècles de calamités dus aux gouvernemens : tel est le spectacle éternel de l'organisation politique. Ce tableau monotone n'est varié que par le nombre et le costume des malheureux qui le composent.

En 1788, *la France*, sans armées, sans finances et sans crédit, ne devait sa tranquillité léthargique qu'au mépris autant qu'à l'épuisement de ses amis et de ses ennemis naturels.

L'Angleterre avait conquis un traité de commerce avec nous et cette guerre invisible la dispensait des frais d'une autre guerre.

Les Etats de l'Empire divisés en

deux partis, mais fidèles à leurs préjugés diplomatiques cherchaient à mettre deux rivaux en équilibre et s'arrangeaient dans les plateaux de la balance.

L'Autriche comptait les soldats de la Prusse diminués chaque jour comme le trésor posthume de Frédéric; et cependant le traité de Versailles, en licentiant les troupes autrichiennes sur les frontières limitrophes des nôtres, les envoyait combattre les Turcs, nos vieux amis et s'approprier la Pologne.

La Prusse, de son côté, avait fait, sans aucun danger, parade de sa considération militaire en Hollande. Ces mêmes huissiers-soldats qui avaient saisi réellement la Pologne, montaient la garde à la Commune d'Amsterdam pour soutenir un Stathouder révolté contre ses concitoyens patriotes.

Ainsi *la Hollande*, obéissant à la politique de Georges comme à l'armée de Guillaume, était infidèle à la France, payait d'une main la perfidie de l'Angleterre et de l'autre la tyrannie de la

Prusse. A quoi servent donc les trésors amassés par le commerce?

Les Russes, vainqueurs sans être conquérans, ne conduisaient pas Catherine en triomphe à Constantinople et n'acquittaient pas ses espérances. Leurs finances ne suffisaient plus à leurs armées, et les *Ottomans* conservent encore toute la superstition de leur courage.

L'Italie tracassée par les deux ménages d'Autriche et de Bourbon s'endormait dans des fêtes nuptiales ou balbutiait des cantiques. Elle ne regrettait pas assez la liberté pour l'espérer : les hommes qui l'invoquaient dans le silence avaient besoin de notre exemple et de nos armes.

Tous les autres états étaient muets, à quelques menaces près que *l'Espagne* et *l'Angleterre* s'étaient réciproquement pardonnées, et quelques évolutions sanglantes entre les Russes et les Suédois dans la Baltique.

La France a voulu être libre, et voilà que depuis les glaces de la Neva jusqu'au ruisseau du Mançanaréz le canon

d'allarme

d'allarme a retenti. Tous les pouvoirs sont ébranlés : toutes les relations sont confondues : toutes les passions sont armées, toutes accourent dans un foyer commun. Séparés de l'univers nous sommes restés seuls, seuls avec la liberté. Passons en revue tous ces peuples, indifférens ou ennemis : nous connaîtrons bientôt leur avenir et le nôtre. Chacun d'eux pourra peut-être marquer aussi sa place, faire valoir ses prétentions au bonheur et recommencer son histoire.

CORPS

DE

L'EMPIRE GERMANIQUE.

PARLER tout ensemble du droit public de l'Allemagne et de la constitution germanique, ce serait sans doute confondre le systéme de la législation commune et celui du gouvernement fœdératif; mais ne serait-ce pas aussi leur rendre justice à tous les deux ? Ne serait-ce pas parler le langage obscur et bizarre de ces publicistes Germains que l'on estimait sur parole, que l'on citait sans les lire, que l'on expliquait sans les entendre et dont la gravité devient aujourd'hui si risible? Quelle profondeur en effet dans ce vuide féodal où la raison ne trouve pas une institution qui ne l'outrage, où l'homme n'est compté que pour un instrument mécanique que le souffle du pouvoir fait travailler dans tous les sens !

Le droit public de l'Allemagne aura été long-tems célèbre dans l'histoire de la servitude. Là, on se croyait savant lorsqu'on étudiait l'organisation du despotisme, les généalogies de l'orgueil, les pactes de la duplicité, les abus de la force ; enfin, tout ce qu'ils appellaient des droits, excepté les droits de l'homme. Elle n'existe plus pour nous cette langue usurpatrice dont tous les mots créés par des Tyrans, n'étaient interprétés qu'à des esclaves.

Nous connaissons son origine, ou plutôt nous ne pouvons la bien connaître cette fourmillière de souverainetés, enlevées successivement à la misère comme à la crédulité des peuples après la mort de Charlemagne ; mais nous nous rappellons cette longue succession de pouvoirs absolus et dynastiques qui, après s'être heurtés comme les élémens primitifs, se sont combinés par lassitude et ont enfin composé la constitution germanique. Tout fut prévu pour le pouvoir ; rien ne fut commencé pour le bonheur. La dénomination même des lois n'est souvent qu'une dérision insultante.

Là, est prescrite la forme d'élection qui remet un sceptre suzerain entre les mains d'un chef, sans l'aveu, contre l'aveu des peuples, et cette bulle est appellée *d'or*, comme si la valeur ou la pureté du métal était le simbole de l'association ou de son chef.

Ici, la morale universelle est paralisée par cette loi nommée paix de religion, qui dicte des ordres à la croyance et ne reconnaît pour citoyens que les sectaires de deux opinions évangéliques, et l'on se déclarait alors et tolérant et philosophe !

On avait désigné par le mot manuaire, le droit de tremper ses mains dans le sang de ses voisins, de ravager leurs terres, d'incendier leur asyle et de se perpétuer dans cette affreux privilège. On qualifia de paix publique le réglement qui modifiait ce brigandage, comme si c'était encore par pitié qu'on accordait aux peuples la sécurité des tyrans et le repos des esclaves. (*)

Les voilà pourtant ces lois constitutives qui ont enfanté des milliers de volumes, dont le texte de la liberté doit pulvériser les commentaires.

Une autre loi de la société féodale consacre un chef électif qui, sans autorité directe contre chacun de ses membres, sert cependant, ainsi que le rendez-vous-local assigné pour les diettes, de point de ralliement aux intérêts généraux. Mais une politique contemporaine a modifié le droit par le fait, et l'unité du système était portée depuis quelques années sur deux colonnes.

Nous avons vu s'éteindre une maison d'Autriche. L'héritage de son ambition a passé dans la maison de Lorraine avec son nom et ses états. Joseph second était à peine empereur, que sa politique

(*) On connaît la loi particulière qui défend aux gentilshommes de voler sur les grands chemins.

envisagea tout, l'avantage d'acquérir la Bavière par l'échange de la Belgique. Cette négociation artificieuse remplirait presque toutes les pages de la vie de ce monarque. Le partage de la Pologne, la guerre avec les Turcs, ne furent que les combinaisons de la nécessité, le résultat de l'ascendant de Catherine, qui fit constamment marcher cet empereur à sa suite. L'idée de la Bavière subjugua Joseph tout entier. Ses opérations fiscales dans les Pays-Bas, la réunion de plusieurs domaines sacerdotaux à la couronne, l'attachement de cette nation à des droits que le despotisme se permet d'appeller des privilèges, cette aversion muette et réciproque que l'esclave ne retient qu'avec peine contre son oppresseur et que l'oppresseur décèle toujours à son esclave, la dépense et la nécessité d'une armée anticivique et d'un gouvernement soldatesque, la proximité de nos frontières hérissées de forteresses, en opposition à un pays presque ouvert, tous ces motifs justifiaient et le dégoût de Joseph pour la Flandre-Autrichienne et son attrait pour la Bavière. Il se débarrassait des frais et des dangers d'un voisinage incommode : il arrondissait sa puissance et devenait par-là plus prépondérant dans son système. Le roi de Prusse (et c'était Frédéric II.) l'observait avec ses armées, ses trésors et son génie. De-là, l'inquiétude des grands feudataires, les calculs topographiques, les prévoyances militaires, enfin la contrefédération des Etats de Germanie.

Dans le système des contre-poids cette division de solidarité partielle, dans la garantie générale, était assez politiquement combinée. Elle était inévitable depuis l'aggrandissement d'un état dont le monarque avait acquis le nom de roi. C'était donner un frein politique à l'avidité du roi de Hongrie devenu chêne au milieu des roseaux ; c'était prévenir ses invasions en lui montrant ses obstacles ; c'était maintenir des intérêts opposés et les enchaîner l'un par l'autre. La liberté française a tout détruit. Plus de combinaisons, plus de calculs. Les maisons rivales d'Autriche et de Brandeboug, réunies un moment, auraient mis le sort de l'Allemagne à leur merci, si la France n'avait pas interposé ses succès entre leur ambition et leurs moyens.

. . . .

. . . .

Nous ne citerons ici que les puissances le plus positivement influentes. La nomenclature des autres échappe à la mémoire et presque à l'inspection de la carte. L'électeur de Brandebourg et le roi de Bohême et de Hongrie se trouveront à leur place.

Les électeurs épiscopaux de Mayence, Trèves et Cologne étaient regardés depuis long-tems comme les grands aumoniers de la maison d'Autriche, les instrumens mitrés de la consécration impériale. Eunuques politiques, successeurs sans être héritiers, ils ne laissaient que le même champ à moissonner à des usufruitiers nouveaux. Cette institution théocratique, parodie de la papauté, ce mélange de fonctions religieuses, civiles et militaires, est digne de l'observation philosophique. L'ignorance et la superstition en sont les causes; l'astuce et la terreur les moyens; la richesse et la puissance le but; la misère et l'ignominie les effets. Telle est à-peu-près l'histoire des princes et des sujets dans les évêchés monarchiques.

Les trois prélats donnaient à leurs parens, à la cour de Vienne une procuration de courtisans. Les graces, les titres, les cordons payaient leur suffrage électoral à la nomination d'un empereur et d'un roi des Romains...... Certes ce n'était pas un homme ordinaire que ce Frédéric II, qui plaçait un royaume tout nouveau en regard avec cette masse antique d'intérêts consolidés sous le nom d'empire et d'empereur! et maintenant quel ordre de choses va sortir des événemens de la guerre? Le systéme de l'Allemagne sera-t-il modifié, détruit ou conservé? La politique s'épuise à chercher, à conseiller l'avenir. On le juge par le passé: chacun le soumet à son instruction, à sa pensée de confiance ou d'habitude, et souvent l'une et l'autre ne produisent que des préjugés diplomatiques. C'est avec la victoire et la liberté, c'est par le génie de la France, c'est sur-tout par l'étude morale et politique du cœur et de l'esprit des hommes qu'il faut combiner cet avenir. Qui de nous pourrait fixer avec précision les convenances ou les probabilités, rapprocher les faits et les principes, peser les droits et prévoir les abus, calculer les intérêts comme les résistances, supposer enfin la statistique pécuniaire ou commerciale, économique ou militaire qui doit résulter d'un nouvel ordre. Nous essayerons de donner quelques développemens à ces idées lorsque nous parlerons de la France. Bornons-nous à déclarer que la sécularisation des évêchés germaniques est l'effet inévitable de la Révolution, que ces biens de main-morte passeront en des mains très-vivaces, que la faible puissance de plusieurs grossira le torrent de quelques autres, et que sans la vigilance et la liberté des Français le bonheur des peuples ne trouverait peut-être pas un seul article, pas un seul mot dans les traités de partage. . . . .

Suivent ici des détails rapides sur chacune des puissances de l'Empire, la Saxe, la Bavière, le Palatinat, le Landgraviat de Hesse, les Deux-Ponts, Wurtemberg, etc. etc. Les villes anséatiques : puis la négociation faite au nom du dernier roi avec le duc de Brunswick auquel on offrit le commandement des armées françaises, en 1792.

Discours		Discours	
III.	L'Autriche.	XVI.	Venise.
IV.	La Prusse.	XVII.	Gênes.
V.	La Russie.	XVIII.	Naples.
VI.	La Suède.	XIX.	Rome.
VII.	Le Dannemarck.	XX.	La Toscane.
VIII.	La Pologne.	XXI.	Le Piémont et la Sardaigne.
IX.	La Turquie.	XXII.	La Suisse.
X.	L'Isle de Malthe.	XXIII.	Genève.
XI.	Les Etats de Barbarie.	XXIV.	Les Etats-Unis.
XII.	L'Espagne.	XXV.	L'Angleterre.
XIII.	Le Portugal.	XXVI.	La France.
XIV.	La Hollande.		
XV.	L'Italie en général.		

Nous allons encore extraire ici quelques idées générales. Si elles ne font pas désirer la publication de l'ouvrage, elles en feront au moins connaître et l'esprit et le but.

Dans les monocraties tous les systêmes se varient et se succèdent comme les ascendans au trône. L'enfance, l'âge viril, l'âge mur, la conduite des rois sont autant de périodes pour les usages, le ton, le langage, les formes et le fonds de la pensée, même celle de la superstition et des lois. L'influence des cours descendant toujours dans les villes et de-là dans les campagnes, et l'influence des mœurs champêtres ne remontant jamais dans les villes et de-là dans les cours, toujours quelques-uns des pouvoirs atteignent le membre le plus obscur de cette prétendue société, sans qu'aucun des droits, aucune des vertus naturelles se fasse jour à travers toutes les institutions qui les repoussent. Lorsque tous les vices sont descendus jusqu'au dernier degré, la régénération est un bienfait inévitable. Le terme extrême de la dissolution touche immédiatement au premier point d'une production nouvelle. C'est ainsi, par exemple, que la discipline militaire était devenue le dernier degré de l'esclavage et de la tyrannie ; mais lorsque ce despotisme accablait de toute sa pesanteur les soldats de l'étranger, l'instruction civile se propageait parmi nous. Le français, sous les armes, osait juger ses chefs en étudiant leurs talens. Chez les étrangers enfin, le courage est presque entièrement le produit de la subordination, et chez les français libres, la subordination est le produit du courage.

Eh! qu'on ne vienne plus nous vanter le bonheur ou la nécessité de l'ignorance. Trop d'aveugles sont devenus clairvoyans pour honorer encore la cécité, et quelque prix que puisse avoir coûté sa guérison, il n'est pas un seul homme qui consentit à retourner dans ses ténèbres, puisque le plus infortuné des êtres sensibles ne voudrait pas abdiquer son sentiment. Cette vérité devient chaque jour plus populaire. C'est une arme contre laquelle on voudrait en vain se défendre : la force pourra la contraindre à se cacher, pourra même en repousser quelques traits : la séduction ne parviendra plus à l'émousser. Elle s'applique sur-tout au commencement des nouveaux règnes. On peut connaître historiquement les causes, la marche et les effets de la Révolution sans apprécier son influence. Tel acte émané du pouvoir ou trop tôt ou trop tard, l'exigeance d'une génuflexion servile mise à la place d'un hommage volontaire et décent, un changement convulsif dans la hiérarchie militaire, la proscription de toute liberté écrite, cette defense de lire qui fait naître le besoin de penser, le courage de parler, la nécessité d'entreprendre, tous ces moyens sont en contradiction trop manifeste avec l'esprit général pour l'adoucir et le dompter. Le pouvoir désormais n'a plus qu'à suivre la liberté dans sa route. Il faut éclairer son passage, lui préparer les lieux du repos, le tems et la facilité de ses moyens. Il faut l'honorer et non pas l'insulter, lui obéir et non pas l'enchaîner, en prendre sa part, loin d'envahir les autres.

parts. Douce, humaine, bienfaisante si elle est traitée avec vénération par ceux qui la tenaient captive, elle sera terrible, implacable, criminelle peut-être, mais invincible. Elle confondra tous les rangs, subjuguera toutes les passions, s'asseoira sur des ruines partout où elle rencontrera des obstacles.

Les courtisans du Nord ne fatigueront point de cet avenir les nouveaux monarques de leurs contrées. Aucun ne leur dira : régnez avec les bonnes lois, régnez pour abroger les mauvaises ; régnez même avec l'esprit des lois qui sont à faire, avec celles qui sont appellées par l'assentiment de la raison et des peuples. Si elles existent dans votre ame comme dans la pensée des gens de bien, l'on vous saura gré d'avoir devancé le vœu de vos concitoyens ; c'est-là la véritable initiative des gouvernans. Ils leur diront au contraire : vous avez vu les Français, leurs malheurs et leurs crimes, hâtez-vous de détourner tous les fléaux qui vous menacent : menacez avec tous les supplices :

ordonnez qu'on vous adore ; emprisonnez tout un peuple en le séparant des idées libérales : abaissez les grands sans élever les petits : rehaussez votre thrône, il sera moins aisé de l'atteindre... Rois de la terre, l'avenir accourt ; c'est à lui de vous répondre.

DISCOURS

DISCOURS XXV.

ANGLETERRE. (*)

S'Il existait sur la terre un peuple qui, après des siècles de cruautés et d'anarchie, n'eût acquis qu'une constitution sans égalité, une liberté sans garantie, un gouvernement despotique sans pudeur et politique sans probité, sans doute il est des rois qui voudraient s'associer à ce gouvernement et le prendraient pour leur modèle.

Si, dans le même tems une nation immense par sa population, sa richesse et son courage, abjurant les superstitions et s'élevant au-delà des

(*) On pourra reconnaître dans ce morceau quelques phrases qui ont été prononcées à la tribune de la Convention nationale. L'Auteur avait confié son manuscrit et permis qu'on en fit usage à cette époque.

conquêtes, donnait à l'humanité le spectacle de la liberté, de l'égalité primitives, sans doute tous les peuples devraient s'unir avec ce peuple et profiter de son exemple.

Les rois ont obéi à leurs passions : ils se sont unis à l'Angleterre. Les peuples ont méconnu leurs intérêts, ils ont abandonné la France.

Nous avons trouvé par-tout le fatal génie du cabinet de Saint-James : partout nous l'avons vu, tyran des rois, leur ordonner la guerre, leur défendre la paix ; l'or à la main et la menace à la bouche, effrayer le commerce, dicter la trahison, soudoyer la calomnie, blasphémer la liberté. Si tous les combats des français sont des victoires, tous les pas du ministère anglais sont des crimes. Qu'il eût été juste et nous allions sceller la paix du monde !

Les guerres des rois ne furent jamais que des procès plaidés par des soldats et jugés par la victoire ; mais la vraie liberté fait tourner ses triomphes au profit de la raison. Ah ! s'il était arrivé le jour de la vengeance! Si nos républicains, descendus aux rivages d'Albion; après avoir livrés aux flammes ces vaisseaux usurpateurs de Toulon et des mers, allaient punir à Londres la sanguinaire oligarchie des tyrans, cette ambition insolente dont ils ont rendu le peuple anglais le complice et la victime, alors trop au-dessus de la gloire nous en dédaignerions la vanité : alors nous pourrions enfin montrer aux Anglais le néant de leur puissance, l'imposture de leur richesse, l'illusion de leur liberté. Quelque Français, ami des hommes, se ferait entendre aux habitans de la cité : sa voix retentirait dans Westminster. Il pourrait dire.

Descendans des Germains, Bretons, Normands, Saxons, Suédois et Danois qui, sous le nom d'Anglais avez confondu vos invasions et vos mœurs, si vous aviez été vraiment libres, nous ne serions pas ennemis. Vos maîtres voulaient décider de notre destinée : la République française va prononcer sur la vôtre : mais puisque la vérité pénètre avec nous dans cette enceinte, voici les fastes de votre histoire, je tiens dans mes mains les actes de vos parlemens, les chartres de vos rois : écoutez-moi.

Avant que l'orgueil avide de votre gouvernement eût forcé vos provinces d'Amérique de s'unir entre elles par une constitution véritable, la fastueuse renommée de la vôtre en imposait à l'Europe, en imposait à vous-mêmes. Le mot *constitution* s'accorde si bien avec le mot *liberté*, qu'en vous entendant toujours vous vanter de l'une, on a cru que vous possédiez l'autre. Jamais vous n'avez caressé que leurs fantômes. Je la cherche, je vous la demande, votre constitution : je ne trouve que des matériaux épars, insuffisans. Ce que vous appellez un monument élevé à la liberté est à peine un rempart ébauché contre la tyrannie.

Ne remontons point aux immunités passées avec les Germains dans votre isle. Ces droits écrits importunaient vos monarques : ils vous les représentèrent quelquefois malgré eux, les cachèrent toujours malgré-vous, et violèrent enfin tous les dépôts qui les tenaient renfermés. Ne parlons pas non-plus des baronnies apportées de notre Normandie par ce féodal Guillaume qui révolta jusques aux compagnons de ses armes. Il était devenu trop despote envers les grands, et les grands ne se trouvaient plus assez despotes envers les peuples. Commençons par cette grande chartre, arrachée à Jean-Sansterre et que vous regardez comme la première pierre de l'édifice. En effet, c'était beaucoup alors: c'était tout sans doute si le peuple assemblé eût fait entendre sa voix sans l'intermédiaire de ses soi-disans représentans; si au lieu de regarder comme une conquête ce qui n'était qu'une restitution commencée, il eût fait rédiger le code entier de sa volonté souveraine. Mais dans les tempêtes séculaires de vos révolutions, jamais vous n'avez développé ce grand caractère qu'une nation doit imprimer aux actes constituans de son association politique. Dans vos revers et dans vos succès alternatifs le champ de bataille reste toujours à vos rois.

Etait-ce donc une constitution qui permettait de piller les domaines, toujours nationaux de la monarchie, à la voix de trois ou quatre hauts-justiciers ses feudataires? Etait-ce pour une constitution, qu'un de vos Henri massacrait le peuple armé qui demandait sa liberté; qu'un autre Henri vous extorquait des subsides sous le nom frauduleux de bénévolence et payait, comme tous ses semblables, la séduction avec les produits du larcin? Et ce thrône abattu et relevé tour-à-tour pour des Yorcks et des Lancastres, mais toujours porté sur les ossemens de vos ancêtres; ces deux sectes de la religion du Christ alternativement enivrées de leur sang; cette catholique Marie, cruelle sans nécessité, vindicative sans remords; cette reine, bourreau d'une autre reine, cette Anglicane Elizabeth, dont la mémoire honorée par vous est un apologie du despotisme; ce premier Jacques, moins dangereux parce qu'il fut moins hypocrite ; ce premier Charles, assassiné, ou si l'on veut puni par un tyran plus habile ; ce Cromwell enfin, roi sans couronne, qui n'épouvanta l'Angleterre et l'Europe que parce qu'il ne fut pas épouvanté de sa puissance. Il constitua son gouvernement comme la nature avait composé son caractère : il méprisait assez ses esclaves pour oser les appeller républicains et s'en fit assez respecter pour en être appellé protecteur. Cet homme aima la liberté comme les tigres aiment leur proie au moment qu'ils la dévorent.

Elle passa cette tyrannie intercalaire et cette leçon terrible allait encore être perdue pour vous, si les deux fils de Charles ne s'étaient hâté d'oublier l'échafaud de leur père. Cette loi dernière, cet acte *habeas corpus* plus vanté aujourd'hui, et cependant plus violé que jamais, n'est-il pas la preuve écrite que vous eûtes toujours besoin de la stupidité de vos oppresseurs, et que votre raison vous a bien moins servi que leur audace ? C'est ainsi que votre histoire n'offre que les convulsions du despotisme en délire vaincu par l'esclavage en fureur. Aussi vos préposés n'ont-ils jamais souffert que la nation pût saisir d'un coup-d'œil l'ensemble de ses victoires civiques et de ses droits naturels. Il vous faut fouiller dans la poussière de vos archives ; il faut qu'un anglais étudie l'histoire, la législation, toutes les royautés des deux sexes pour se faire une idée de sa condition politique. En rendant ainsi cette instruction plus compliquée, les deux aristocraties de vos parlemens et de vos rois ont conspiré contre le peuple pour l'écarter de la confidence de leurs devoirs et de ses droits. Une constitution est un contract national et solemnel, conçu librement, rédigé avec maturité, accepté sans séduction, exécuté sans contrainte. Qui croirait le corps politique organisé par un mécanisme qui rassemblerait à diverses époques des membres informes sans proportion et sans mesure. On ne donne point une ame commune, pas même une existence isolée à chacune de ces parties hétérogènes. Le corps entier n'en a qu'une. Tels sont pourtant les ressorts incohérens du vôtre. Point d'unité, point de liberté, point de solemnité. Le consentement de la nation est purement négatif : il n'est même que présumé par son silence. Toujours l'aveu national fut partiel, morcélé, irréfléchi, souvent plus dangéreux à refuser qu'à laisser croire.

Ce n'est pas que quelques-unes de vos lois politiques ne méritent des éloges justifiés par vos succès. Tout n'est pas erreur ou crime dans les institutions des hommes. La séparation des pouvoirs était une conception libérale qui devait servir de type à des développemens nouveaux comme elle. Les peuples du Nord, en vous apportant leurs jurys, avaient donné bien plus à votre liberté qu'ils ne vous en avaient enlevé par leurs conquêtes. Mais ce dernier siècle d'éclat et de prospérité qui vous enorgueillit, peut-être un jour attestera-t-il aux nations que vous n'étiez que des convalescens lorsqu'elles étaient encore en léthargie. La liberté seule, assurée par une représentation constante et des représentans temporaires est un état de vie et de santé pour les peuples, tant que l'égalité n'exigera rien que la raison sociale ne puisse accorder à la raison naturelle, car la liberté n'est que l'accord parfait de l'une et l'autre.

Combien elles sont différentes les bazes sur lesquelles vos publicistes eux-mêmes ont établi vos droits! les imposteurs! ils disent votre parlement seul arbitre, arbitre sans vous de votre religion, de votre thrône et de vous-mêmes. Ils le proclament souverain inamovible pouvant tout changer autour de lui, et c'est ainsi qu'il s'était révolté contre vos Colonies. Oui, sans doute, ce parlement serait législateur s'il représentait en effet tout le peuple, s'il était réellement son mandataire; mais souverain, jamais! la souveraineté confie ses volontés, fait exercer son pouvoir, représenter sa dignité, mais la nation toute entière reste propriétaire incommutable de tous ses droits : elle les garantit à tous ses membres qui tous aussi sont solidaires envers elle de son unité. Une constitution, une loi, un usage, tout existe, tout cesse par le peuple; il veut ou tolère, il refuse ou consent, il n'obéit qu'à ce qu'il a commandé, car le bien qu'on lui propose est celui qu'il voulait et son acceptation même est un ordre. Le mal qu'on lui fait au contraire est un parjure et son silence n'est que l'ajournement de sa vengeance. Votre roi et ses gages, vos parlemens et leurs privilèges, vos évêques et leurs prébendes, tout cela vit pour vous et par vous; vous seuls devez juger ce qu'il est utile de réformer, prudent de conserver, dangéreux de détruire.

Ils vous semblent nouveaux ces principes. Eh bien, ils sont nés avec les sociétés : ils sont aussi vieux que la raison, aussi sacrés que la justice. Vous en recueilleriez les bienfaits si vous les aviez consacrés par l'acceptation pure et franche d'une loi simple, universelle, fruit d'une méditation raisonnée, d'un assentiment unanime, de cet attendrissement profond que doit produire dans des ames concitoyennes la conviction et la douceur de l'égalité politique.

Elle n'est connue de vous cette égalité ni par l'unité des lois pénales, ni par la jouissance des droits utiles. Eh chez quel peuple la famille des priviléges a-t-elle été plus étendue? Où les deux hazards de la naissance et de la fortune ont-ils créé plus de faveurs? Chez vous, les abus ont rang parmi les abus mêmes. Le représentant couronné que le hazard vous donne ne dissout-il pas à son gré le corps entier formé, dit-on, par votre choix? Est-ce comme partie intégrante du corps législatif qu'il exerce cette faculté? Mais la moindre partie devient donc supérieure au tout et lui dicte ses ordres? Est-ce comme législateur unique? Mais la loi reste donc quelques momens entre les mains d'un seul! il faut bien plus alors : il faut qu'il réunisse en lui tous les pouvoirs puisque lui seul fait exécuter ce que lui seul a commandé. Eh, par quel étrange renversement d'idées avez-vous dit à cet homme le jour de son avène= à votre thrône : toi seul ne nous tromperas jamais ; et si nos mandataires électifs résistaient à tes intérêts, que nous supposons toujours les nôtres, sois armé de tout notre pouvoir, assuré de notre aveu : leur jugement est prononcé d'avance, tu ne fais que l'exécuter en nous forçant d'en nommer d'autres. Comment expliquer autrement cette disposition de votre loi ? L'insurrection, direz-vous, est toujours prête à nous venger : oui, sans doute, mais la guerre civile est à côté : chaque page de votre histoire le prouve. Si l'insurrection était le plus saint des devoirs, le pire des gouvernemens serait celui qui la rendrait à tout instant nécessaire.

Vos pairs, qui ne sont les égaux de personne, sont des privilégiés dans la noblesse. Crées par un roi ils s'asseoient où se lèvent sur leur banc parlementaire à son moindre signal. La conscience même d'un Lord absent est suppléée par la conscience d'un autre lord; tant la séduction a craint d'être trompée dans ses calculs. Vrais apôtres de l'inégalité, seuls défenseurs de leurs prérogatives, ils en sont aussi les seuls juges. C'est à-peu-près ainsi que vous laissez la police et la sûreté de vos routes à la discrétion de l'ennemi connu des voyageurs. Le pauvre, conduit trop souvent au crime par l'ignorance ou le besoin, ne peut échapper au supplice; mais un pair, un prélat, un représentant du peuple peut, une fois dans sa vie, commettre un délit de préférence: c'est un coupable, mais ce coupable est une fois impuni.

Nous ne ressasserons point ici cette inégalité tant répétée de la représentation dans les communes. Quel mélange inoui jusqu'à vous, d'humiliation et d'orgueil! Qui donc, quoi donc est représenté dans vos assises? Ce ne sont pas les hommes, car alors la population serait la loi première, la loi de proportion et de justice. Ce n'est non-plus ni la richesse territoriale qui se divise et se varie avec les tems, ni la richesse industrielle qui, plus mobile encore n'habite pas toujours la même enceinte. Qui donc a des délégués ? Qui nomme ou reçoit des électeurs et par eux des représentans ? Le reste mutilé d'une tour ou d'une prison féodale, le tertre rocailleux et éternellement stérile où végétait jadis un justicier, votre tyran. Un seul homme est représenté par plusieurs et des milliers de citoyens sont sans voix, sans interprête et sans appui! Vous ne l'avez aussi que trop soufferte, cette vénalité crapuleuse qui n'excepte aucun genre de séduction, qui rend la beauté même et la modestie d'un sexe complice de l'ambition de l'autre, et fait sortir de l'ivresse et de la corruption des festins le choix que le calme de la liberté n'accorderait qu'à la vertu. Eh qu'importe qu'un bourg, qu'un comté soit ou ne soit pas représenté par plus ou moins d'intriguans, lorsque la portion productive du peuple, lorsque vous, citoyens qui m'écoutez, vous êtes dégradés dans votre empire! sans doute la liberté, premier de tous les biens, paraît supposer d'autres propriétés : sans doute l'homme, dans la dépendance du besoin, qui ne prend intérêt qu'aux lois de bienfaisance, est moins appellé aux lois bursales et conservatrices ; mais n'est-il donc point de milieu entre la richesse et la misère, entre les facultés intellectuelles ou morales et les dons de la fortune? Tant de shellings pour élire! tant de guinées pour être élu! Sont-ce là les titres de la nature? Est-ce là le tarif de la nécessité politique? Et si plus de vertus se trouvaient dans le simple artisan; si des pertes imméritées, si la fécondité de sa famille réduisaient un citoyen à la nudité : fils d'un père utile, si le malheur avait contrarié son éducation héréditaire, le voilà donc nul pour la liberté, voilà son courage et ses talens perdus pour la patrie. Ainsi les droits de l'homme et du citoyen admettront constitutionnellement ces degrés trop inégaux, le despotisme du puissant insultera la nullité du faible; la porte de fer qui classe la médiocrité ne s'ouvrira qu'avec une clé d'or; et tandis que les préférés du genre humain s'agiteront

teront pour parvenir aux premiers rangs, il sera des hommes condamnés dans tous les tems à servir de marche-pieds à leurs semblables.

Si nous comparions les délits et les peines de votre code, quelle monstrueuse similitude pour des délits différens! La mort, cette peine, trop rigoureuse ou trop légère, que la loi sociale a étendue bien au-delà de la loi naturelle, comprend dans la même classe des crimes tout-à-fait éloignés dans leurs rapports : il serait trop humiliant d'énumérer ces contrastes. Votre liberté personnelle, cette propriété non-moins sacrée, plus chère peut-être encore à l'individu que la liberté politique ne l'est à la société toute entière, n'est-elle pas à toute heure à la merci d'un créancier et même d'un mensonge ennemi qui suppose un débiteur, et vous appellez cela la garantie du commerce. Certes, elle était bien étrange l'équité de vos ayeux, le jour où non-content de la punition due aux grands crimes, ils ont centuplé les tortures de votre enfer pour le meurtrier d'un homme roi et frappé de mort civile et son nom et ses enfans et sa compagne. Votre enthousiasme pour votre secte, votre horreur légale pour celle de Rome, ces burlesques anathêmes, qu'il faut prononcer pour être roi, représentant ou sermoneur, cette religion politique, cette hypocrisie nécessaire, qu'est-elle donc autre chose qu'un bill contre l'ame et la pensée? L'erreur seule a des dogmes : la nature et la vérité n'en ont point.

Sans doute le travail est une condition de l'humanité; mais la force est un bienfait de la nature, et cependant les journées et les fruits de vos labeurs ont un tarif. L'ouvrier est véritablement attaché à la glebe ou captif dans un attelier. Une heure fixée l'appelle : une autre heure va le chasser. On a craint ou de payer trop chèrement la sueur du pauvre ou que le pauvre n'eût pas assez de peine.

Le talent lui-même n'a-t-il pas ses entraves. Vous rétrécissez le génie dans la longue filière d'un obscur apprentissage. Il allait être artiste, la loi le veut manœuvre, la nature est démentie par elle.

Quoi! vous êtes libres, et vos instituts n'ordonnent-ils pas à la jeunesse sans propriétés, sans revenu, de se vendre à des maîtres? Il faut servir, servir est un devoir : il faut souscrire par un traité honteux, à l'aliénation de soi-même. La société à rédigé les conditions de ce marché ; c'est un présent de la loi, comme si les gouvernemens n'étaient pas assez coupables par-tout où le besoin à fait de la servitude une nécessité. Victime de ton indigence et plus encore de ta maternité, c'est en vain que ta fille espérait croître sous tes yeux pour le travail et la vertu. Le vice, dit-on, séduirait sa pauvreté : la loi va la rendre orpheline. Loin de toi, dans la domesticité, dans les pleurs elle va chercher des piéges plus réels, des dangers plus évidens, heureuse si elle ne te rapportait que sa douleur. Et toi, jeune homme, délaisses la chaumière et la vieillesse de tes parens, puisqu'ils sont misérables ;

prives-les de ta piété, de tes travaux ; prives-toi des consolations que leur assurait ta présence, choisis ou reçois un maître ; ou plutôt, si les français sont libres, s'ils ont juré la république et la victoire, attends que les archers du ministère se précipitent sur toi, et t'aient déjà mutilé avant de t'avoir fait soldat. Appelles alors ta constitution, invoques les lois, la justice, l'humanité : tu étais agriculteur, artisan : sois matelot, deviens pirate, combats des hommes et meurs sous la foudre de la liberté. La représentation nationale est la propriété du riche ; la presse est la propriété du pauvre.

Oui, votre gouvernement, votre roi, vos ministres, votre honte et nos conquêtes, vous avez tout mérité puisque vous avez voulu tout souffrir. Etait-ce donc nous qui avions provoqué votre haine et vos armes ? Ah plutôt nous espérions que la mémoire de vos révolutions vous ferait interpréter les nôtres avec un intérêt philosophique. Crédules que nous étions, un sentiment de préférence et d'estime nous attirait vers ce peuple rival. Dans les derniers jours de notre esclavage nous invoquions sa liberté. Tel était alors l'ascendant de l'opinion que nous ne voulions plus être ennemis ; nos rois nous auraient vainement ordonné de nous haïr : et cependant lorsque l'indignation si long-tems comprimée dans nos ames en sortait par une explosion unanime, lorsque le cri général proclamait la liberté souveraine, votre ministère calculait froidement notre enthousiasme et les profits que pourrait en tirer sa politique, semblable à ces brigands qui dans les grandes convulsions de la nature pillent les maisons bouleversées par les volcans.

Rappellez-vous notre situation et la vôtre et jugez-vous. Vous aviez autant besoin de repos que nous de liberte. Une longue guerre vous avait épuisés : un traité tout nouveau vous ouvrait tous nos ports, vous confiait notre commerce. En admettant ces manœuvres diplomatiques que le besoin du faible appelle des ressources et que la morale du juste appelle des crimes, tout vous commandait d'entretenir au moins l'extérieur de la neutralité. Mais votre cour s'indignait tacitement de notre gloire : ce grand exemple était un grand danger pour elle. C'est votre ministère qui arma Gustave, chevalier des autres rois ; c'est votre agent qui fut le premier orateur dans la caverne de Pilnitz. Le roi Sarde s'épouvantait de la guerre : votre cour arrive à la hâte, lui offre en subsides le produit de vos impôts et sollicite pour le Piémont les soldats de l'Autriche ; et c'est ainsi que les anglais ont payé des allemands pour défendre des italiens assiégés par des français. C'est l'Angleterre, garante du traité de Westphalie qui en déchirait les conditions, qui démentelait en espérance la France, l'Allemagne et la Pologne. Vos couriers plénipotentiaires n'ont-ils pas été réchauffer le fanatisme de la royauté à Madrid, à Lisbonne, en Toscane, à Stockolm, à Pétersbourg, à Copenhague: le Stathouder lui-même s'était déjà cru roi puisque nous devenions républicains.

Vous qui faisiez contraster un service avilissant dans le palais de vos monarques avec un mépris arrogant pour tous les autres rois ; vous qui vous disiez les premiers nés de la liberté, vous l'avez méconnue, vous l'avez trahie, vous l'avez traînée avec insulte dans tous les cabinets de l'Europe ; vous l'avez poursuivie au milieu de nous avec tous les fléaux. Munitions et calomnies, prêtres et soldats, poignards et crucifix ; vous fournissiez tout à la Vendée ; vous achetiez chez nous jusques à la famine et vous lui commandiez de séduire la liberté. Eh quel français pourra jamais vous pardonner les complots de ses concitoyens et les supplices que vous leur avez préparés! Quel habitant du monde oubliera, dans la postérité, cette longue famille d'innocens dont on a peuplé nos échafauds ! Oui, c'est par toi, peuple anglais, que les nations sont devenues malheureuses. L'ambition de ton gouvernement à pesé dans sa balance tout le sang de l'Europe : il s'est établi banquier de l'horrible jeu de la guerre en appellant à lui le désastre de tous les peuples. C'est par lui que le deuil et la misère sont étendus sur le globe ; c'est à lui que nos ennemis honteux, harassés, fuyant devant nos étendards redemandent des citoyens, des fils, des époux vaincus par nous et morts esclaves. Ainsi donc le plus vaste complot formé contre le genre humain est descendu de la Tamise...... L'histoire achèvera notre vengeance.

Eh, que vous reste-t-il aujourd'hui de tant de crimes ? Vous avez laissé couper en trois morceaux la Pologne ; vous avez introduit dans la Baltique un nouvel hôte qui pourra bientôt rivaliser ses trois voisins et supprimer chez lui votre commerce ; vous avez conspiré contre la fortune et la liberté des bataves : nous leur avons donné la liberté ; ils repomperont votre fortune. Vous aviez séduits les espagnols : ils trouvent une autre famille dans les français. Vous avez rompu l'équilibre de l'Allemagne : la France en sera le conservateur et l'arbitre. Vous avez tourmentés tous les systêmes de l'Italie, la victoire y a proclamé la république. Caissiers de Guillaume, de François et d'Amedée, vous êtes devenus insolvables envers leurs soldats, vos créanciers, qui ne vous pardonnent votre impuissance qu'en vous abandonnant à votre orgueil. Vous le voyez, il n'est plus de lauriers à espérer. Dunkerque et Lille vous ont foudroyés ; Valenciennes vous a chassés ; Fleurus et Juliers sont vos tombeaux. Des traîtres avaient ouvert Toulon à des lâches, des français y sont rentrés en vainqueurs. La Corse de Paoli s'était vendue ; la Corse de la France s'est reconquise. Votre or et vos denrées ont encore des succès passagers dans les Antilles ; mais déjà le climat et le fer ont consumé vos bataillons. Allez voir fumer à Terre-Neuve les établissemens de vos pêches : vous nous avez forcé de regarder le ravage et l'incendie comme une justice à vous rendre. Où sont-elles donc ces escadres que vous promeniez avec faste dans les quatre parties du Monde ?

Serions-nous donc étonnés de trouver dans vos ports des noms antiques sur cent bâtimens rongés de vers. Vous avez beau amarrer des étrangers, entasser les nations, insulter à tous les droits ; la presse, ce fléau de votre hospitalité, en dépeuplant votre isle, ne fournit aux élémens que des victimes.

Dans lequel de vos royaumes se trouvera l'or qui doit payer tant de calamités? Votre dette est un abîme : il faudrait une mine entière, une mine énorme pour le combler : toute la superficie de votre isle acquitterait à peine en plusieurs années les capitaux accrus de plusieurs milliards depuis quatre ans. Vos possessions d'Asie nourrissent, il est vrai, mais ne soldent pas vos prodigalités politiques : votre puissance est telle dans ces contrées, qu'on ne sait plus si Londres est encore la métropole du Bengale, ou si Calcutta est la métropole de l'Angleterre ; mais enfin le territoire de l'Inde est le champ du commerce, et vous n'avez pas vu qu'en multipliant autour de vous et la guerre et la mort, vous desséchiez vous-mêmes tous les canaux de la richesse ! Ces indiens, vos esclaves, les croyez-vous de vrais anglais ? Ils ont en exécration votre pouvoir et votre nom. Vous avez détrôné les bourgeois de Londres, souverains en Asie : leurs troupes marchandes ont été relevées par des soldats plus royaux. Sachez que cette succession de tyrans uniformes, leur brigandage, leur brutalité ont jetté par-tout le désespoir : il vous faudra bientôt autant de gardiens que vous y comptez d'habitans. Nous au contraire, nous avons laissé des souvenirs toujours chers aux peuples du Coromandel, du Malabar et du Mogol. Leur climat les rend si sensibles aux douceurs de la paix, au commerce de la franchise et de la bienfaisance que depuis long-tems il aurait suffi de nous montrer pour hériter de vous. Les marattes, trompés dans la dépouille de Tippo-Saib, ce même Tippo dévorant ses affronts et toujours impatient de les venger, invoquent encore sur leurs rivages les conseils et les vaisseaux de la France. Si nos anciens ministres, dupes ou gagistes des vôtres, au lieu de détruire et de calomnier nos moyens, avaient senti notre courage, il ne resterait pour vous dans l'Asie que la haine qui survit à l'oppression et sert encore de défense à la postérité.

Eh quels amis auriez-vous au dehors, vous qui au dedans vous isolez de vos frères ; vous qui dans un seul peuple avez toujours distingué trois familles comme votre roi trois couronnes. Votre fierté dédaigne la fierté des écossais. Avec les mêmes intérêts vous n'avez pas une patrie commune. L'Irlande n'est pour vous qu'une Colonie subordonnée. Aussi les montagnards d'Ecosse garderaient-ils mieux leur liberté que la vôtre, et malgré tous les paradoxes moraux et politiques, quatrevingt mille irlandais n'attendaient de nous que des armes pour s'absoudre de six cents ans de servitude.

Superbes insulaires, la mer vous environne et vous voudriez l'envahir. Cet élément, le théâtre de votre ambition, l'instrument de vos succès, vous le regardiez aussi comme une propriété. Toutes les nations ne devaient naviguer que par vous et pour vous. Infracteurs de vos propres lois, indociles au respect que vos chartres vous commandent pour la navigation des étrangers, si la Suède, le Dannemarck et l'Amérique avaient déscspéré de nous, s'ils n'avaient pas rendu leur intérêt solidaire de nos besoins, vos ports auraient été les seuls rendez-vous du commerce, les seuls marchés de l'Europe. Ajoutant l'ostentation de l'opulence à l'abus de la force, n'aviez-vous pas prétendu payer aux peuples navigateurs tout ce que la France attendait d'eux et faire avec nous assaut de richesse ainsi que de puissance. Et lorsqu'après tant de complots faméliques, votre cour a vu que la France vivait toute entière, que le soleil de la liberté fécondait nos sillons, que la victoire nourrissait nos armées, sa politique indigente a affecté de céder aux principes et de faire grace à ce qui restait de neutralité dans l'Europe.

Mais de quoi sert-il aujourd'hui de vous rappeller les excès d'un gouvernement qui ne vous a circonvenu de tous ses vices que pour vous détourner de tous ses crimes? N'est-elle pas entièrement à nnd la scandaleuse influence du ministère et du thrône? Jamais l'opposition a-t-elle été dans une minorité plus impuissante : jamais la voix des vrais amis de leur pays à-t-elle été plus méthodiquement étouffée? Qu'est devenu ce triple équilibre des pouvoirs, ce chef-d'œuvre de la politique et de la liberté? Un seul pouvoir n'est-il pas au moment d'absorbertous les autres? La liste civile n'est-elle pas la nomenclature des courtisans et le comptoir des séductions. Oui, c'est pour étendre chez vous la servitude qu'on a tourmenté chez nous la liberté. Rendons, ont-ils dit, quelques républicains odieux et criminels et nous ferons exécrer leur république. Peuple aveugle, laisse-là les français cannibales et sacrilèges; laisse-là l'audace du crime et la lâcheté de la patience. La gloire de nos soldats expiera les forfaits de nos brigands ? comme notre bonheur expiera notre honte. La liberté si chèrement acquise se conserve en s'épurant. Il en coûterait trop pour redevenir esclaves et redevenir encore libres. Mais, vous, pourquoi épuise-t-on votre sang et vos trésors? Est-ce pour l'accroissement de votre commerce et de votre industrie? Est-ce pour la gloire du nom anglais, pour reconquérir des possessions perdues? Non, votre commerce et vos manufactures refleurriraient par la paix. Le nom anglais serait encore honoré par une paix honorable : peut-être quelques possessions nouvelles seraient ajoutées à vos domaines. Mais cet étranger que vous avez appellé de son Allemagne, comme si vous n'aviez pu trouver parmi vous un homme à couronner; voyez où vous conduit son ambition exotique. Electeur de Hanovre, il craignait les invasions de la Prusse; roi d'Angleterre, il s'attacha à la Russie dont les intérêts sont rivaux des vôtres et garantit par-là ses possessions germaniques. Vous possédiez le commerce de la Pologne : il donne la Pologne consommatrice à la Russie et la Pologne commerçante à la Prusse. Anglais, il livre votre navigation mercantile à notre commerce devenu presque uniquement militaire : hanovrien, il vous donne à loyer ses soldats électoraux. Humilié comme roi, il grossit son pécule à vos dépens comme recruteur. Qu'un roi haïsse un autre roi plus despote ou plus heureux que lui, que François Ier. jette le gand à Charles-Quint, on ne voit là que deux hommes; mais que des nations entières se dévouent à la haine, se vendent à la passion d'un seul, que la déclaration des droits de l'homme ait été le signal du carnage et de la désolation en Europe; non, il n'est plus que le bonheur du genre humain qui puisse consoler de tout ce qu'il en aura coûté pour l'obtenir. Etait-ce donc à nous de vous apprendre ce que les annales du monde ont attesté tant de fois, que jamais, presque jamais, un roi ne vit dans le courage des peuples que ses défenseurs, dans leur silence ses esclaves, dans la religion leur crédulité,

dans

dans l'agriculture ses besoins, dans l'industrie son luxe, dans le commerce ses impôts, dans la justice son nom, dans les monnoies son image et dans la gloire elle-même qu'une séduction de plus qui le dispensait de la prudence.

Anglais, abjurez enfin tant de maux : renoncez à des illusions qui ne trompent plus que vous-mêmes. Qu'est-ce que la politique sans morale, la richesse sans bonheur, la puissance sans gloire, l'agitation sans liberté ? Ce n'est qu'aux peuples heureux qu'il est permis d'être crédules : il n'est plus permis à aucun d'être injuste. Sans doute nous n'avons pas vaincu les rois pour devenir tyrans des peuples. La république française ne veut pas disposer avec eux de ses victoires en commandant à leur pensée. Qu'ils abusent de la facilité d'être esclaves, qu'ils exercent le droit d'être libres, qu'ils se prodiguent à des maîtres ou s'honorent par des lois, nous ne devons plus à l'humanité que notre respect et nos exemples. Mais dans ces grandes combinaisons qui vont classer de nouveaux intérêts, nous saurons du moins assurer notre tranquillité et le repos de la France ne seras jamais indifférent à l'Europe. Nous n'aurons plus à souffrir de votre orgueil, mais nous n'envierons point votre bonheur. Rivaux d'une autre gloire, nous jouirons des travaux de nos voisins que nous enrichirons par les nôtres. Nous savons qu'un état riche cesserait bientôt de l'être s'il n'était environné que d'états indigens et misérables : nous savons que le commerce n'est que le résultat des autres arts, que fertiliser la terre c'est élever des atteliers, qu'établir des manufactures, c'est appeller des vaisseaux, créer des commerçans. On a dit que la pauvreté des nations était une sauve-garde contre leurs vices. Nous prouverons que la richesse n'exclut pas les vertus et que le gouvernement républicain les fait naître. La France est constituée par la nature, créancière éternelle de l'Europe : au lieu de lutter contre sa destinée, c'est en rendant votre tribut plus utile pour elle qu'il sera plus léger pour vous. Centuplons, s'il se peut, nos échanges : ne communiquons plus avec l'univers que pour en être aimés. Vous avez de grands revers et de grands torts à réparer; et nous aussi nous réparerons les succès de la guerre; mais lorsque la liberté, indulgente plutôt que satisfaite, aura signé la paix, songez que la république française est là qui vous regarde : estimez les français : fiez-vous à leur franchise : souvenez-vous de leur vengeance.

www.ingramcontent.com/pod-product-compliance
Ingram Content Group UK Ltd.
Pitfield, Milton Keynes, MK11 3LW, UK
UKHW031949260826
14628UKWH00004B/1960